CALYPSO
Cousteau

LES SECRETS DE LA CALYPSO
ET DE L'ALCYONE

HACHETTE Jeunesse

IVECO

Au printemps 1942, dans le port américain de Seattle, Etat de Washington, une écolière, un bouquet de roses à la main, casse une bouteille de champagne contre l'étrave d'un dragueur de mines tout juste sorti du chantier naval. Un bateau destiné à devenir une légende vient d'être mis à l'eau. Aujourd'hui, la silhouette du petit navire à la passerelle blanche et à la proue élancée est connue dans le monde entier, tout comme le commandant Cousteau, ses fils Jean-Michel et Philippe, les bonnets rouges, l'intrépide équipe de plongeurs. Ce n'est plus un simple bateau, c'est un symbole de l'aspiration humaine à comprendre et à protéger la nature. Mais ceux qui ont vécu à son bord savent qu'il y a deux *Calypso* : la vedette de cinéma et la vraie *Calypso*. Autour de la vraie *Calypso* ne retentit nulle musique symphonique, et ses exploits ne sont pas condensés en épisodes de 52 minutes. Elle vibre sans interruption du vrombissement de ses moteurs et se consacre des mois durant à des tâches ingrates et pénibles.

La vraie *Calypso* n'a rien d'extraordinaire, mais on peut compter sur elle. Le bois dont elle est faite gémit, craque et exige un entretien et des réparations constants. Elle roule et tangue et se balance par grosse mer : il vaut mieux arrimer tous les objets sinon ils s'envolent ! C'est une usine, un garage, un atelier flottant, fleurant le cambouis et les gaz d'échappement. Souvent bondée, presque toujours en travaux, elle est le théâtre d'activités routinières sans lesquelles aventures et découvertes seraient impossibles.

Le public connaît la star, mais la *Calypso* de tous les jours est tout aussi captivante. Les quelques privilégiés qui connaissent intimement l'authentique *Calypso* vont nous dévoiler tous ses secrets.

Lors de son baptême, en 1942, la *Calypso* n'est qu'un dragueur de mines de 42,35 mètres de long, portant un simple matricule : JB26. Construit aux Etats-Unis, il est remis à la Royal Navy (marine de guerre britannique) dans le cadre de l'aide américaine aux Britanniques, et se trouve intégré à une flottille basée en Méditerranée pendant la Seconde Guerre mondiale. En 1949, il est acheté par un entrepreneur de transport, qui le transforme en ferry-boat assurant

Le ferry Calypso, tel qu'il est apparu au commandant Cousteau en 1950 (1) ; après sa reconversion en bateau océanographique (2) ; quelques expéditions plus tard, son aspect "flambant neuf" s'est un peu patiné.

2

le transport entre les îles de Malte et de Gozo. Il est alors baptisé du nom de la nymphe *Calypso*, qui retint Ulysse prisonnier dans l'*Odyssée* d'Homère.

En 1950, un jeune officier de marine, Jacques-Yves Cousteau, cherche un bateau. Il a inventé en 1943 avec l'ingénieur Emile Gagnan le scaphandre autonome avec détendeur, qui permet aux hommes de respirer et d'évoluer sous l'eau aussi librement que les poissons. Cousteau espère explorer l'océan avec ses amis comme personne ne l'a fait, et voir ce qu'aucun être humain n'a vu.

C'est à Malte qu'il trouve le bateau dont il rêve : le petit ferry-boat *Calypso*, pourtant bien peu fringant à l'époque.

3

Calypso, pense Cousteau, c'est un joli nom ; mais surtout, le bateau correspond exactement à ce qu'il cherche. La coque est solide, car elle a été conçue pour résister à d'éventuelles explosions de mines, et elle est en bon état. La forme du bateau est adaptée à la navigation dans les zones de hauts-fonds et de récifs que Cousteau compte explorer. Nul doute que ce robuste ferry-boat peut devenir un excellent navire océanographique. L'achat et l'armement de la *Calypso* sont financés par Loël Guinness, un généreux mécène, et Cousteau

La* Calypso *a été modifiée afin d'offrir de son bord la meilleure vision possible au-dessus et en dessous de la surface. Le "faux-nez" (3) installé à l'avant de la* Calypso *est une chambre d'observation sous-marine (1 et 2).
La* Calypso *s'équipe en 1966 d'une nouvelle passerelle (4) qui permet une meilleure visibilité pour la navigation.

4

entreprend d'en faire le premier bateau d'exploration sous-marine avec plongeurs en scaphandre autonome.
Au chantier naval d'Antibes, il passe presque un an à convertir le vieux ferry-boat en base de plongée et laboratoire de recherche. L'intérieur est aménagé plus confortablement. Un portique, édifié au-dessus de la passerelle, sert de poste d'observation et accueille l'antenne du nouveau radar. Un treuil et une grue sont installés sur la plage arrière. Un local est aménagé pour ranger et entretenir tout le matériel de plongée ; grâce à des compresseurs conçus à l'origine pour un sous-marin allemand, on pourra facilement remplir les bouteilles des scaphandres autonomes. Enfin, une plate-forme rabattable est fixée à la poupe pour faciliter la mise à l'eau des plongeurs.
L'aménagement qui modifie le plus la physionomie de la *Calypso* est certainement son nouveau "nez". Un nez ? Ou plutôt des yeux : l'équipe sera aux premières loges pour observer le monde sous-marin. Ce "faux nez" est une chambre d'observation en acier, boulonnée devant l'étrave, à trois mètres sous la surface. A l'intérieur, un homme allongé sur un matelas peut observer dauphins, baleines ou poissons volants à travers cinq hublots. Grâce à une ligne téléphonique directe avec la passerelle, il peut aussi prévenir le capitaine d'éventuels périls menaçant la navigation.
Motivée par le désir d'acquérir de nouvelles connaissances sur le milieu marin, l'équipe lance durant les décennies suivantes des projets de recherche océanographique de plus en plus ambitieux. A mesure que le travail de l'équipe Cousteau évolue, la *Calypso* change elle aussi. Ainsi, au fil des années, le vieux navire en bois se dote d'un matériel de

L'hélicoptère à deux places **Félix** *est à bord de la* **Calypso** *depuis 1972. Rapide, très maniable, il permet de filmer du ciel, de repérer la meilleure route ou de déposer hommes et matériel à terre.*

pointe que l'équipe doit souvent inventer elle-même.

En 1957, le local plongée et le local radio sont agrandis. Un an plus tard, on installe une grue plus puissante pour mettre à l'eau et remonter sur le pont la dernière invention de Cousteau : le sous-marin à deux places qu'on appelle la soucoupe plongeante.

En 1966, le bateau est complètement révisé ; il est équipé d'une chambre d'observation sous-marine plus vaste et d'une nouvelle passerelle. Ainsi transformée, la *Calypso* commence l'"Odyssée sous-marine", au cours de laquelle sont tournés les douze premiers films commandés par la télévision et qui seront diffusés dans le monde entier.

En 1972, la *Calypso* entreprend sa plus périlleuse mission : l'exploration de l'Antarctique. Elle n'est pas conçue pour affronter les glaces, mais un ange gardien veille sur elle : la Nasa (agence spatiale américaine) met à sa disposition un équipement de communication par satellite qui lui fournira notamment de précieuses informations météorologiques. C'est le premier navire à bénéficier d'un tel équipement.

Pour cette mission spéciale, une plateforme pour hélicoptère est installée à bord. L'arrivée de cet allié a révolutionné le travail de l'équipe, confiera plus tard Albert Falco, l'équipier et le plongeur le plus célèbre de la *Calypso*. Le bateau possède désormais des yeux dans le ciel. L'hélicoptère indique la meilleure route, permet de repérer aisément une baleine à des milles du bateau, dépose en un clin d'œil une équipe au sommet d'une montagne ou sur une île entourée de récifs menaçants.

Après chaque mission, il faut effectuer un carénage (c'est-à-dire une révision

La **Calypso**, *cet ancien dragueur de mines, s'est peu à peu dotée d'un équipement moderne de recherche scientifique, d'exploration et de photographie aussi bien terrestres que sous-marins. La* **Calypso** *est ainsi devenue un laboratoire flottant, un studio de cinéma, une plateforme de plongée, mais aussi le foyer d'un équipage de 28 personnes.*

FIRQ

générale du bateau), qui est presque aussi coûteux que l'expédition elle-même. De plus, des années à affronter glaces et tempêtes ont éprouvé le navire. En plus de l'entretien courant, la *Calypso* s'offre dans les années 1980 plusieurs cures de rajeunissement en chantier naval : coque, ponts et superstructures sont presque entièrement remplacés et les deux moteurs Diesel d'origine sont enfin changés.

Les soins attentifs dont le bateau fait l'objet ne le mettent pas à l'abri des accidents et des pannes qui peuvent survenir en mer à n'importe quel moment. L'équipage doit alors improviser une réparation de fortune en pleine mer. Parfois, il faut demander de l'aide aux chantiers navals du pays le plus proche, comme à Mombasa, au Kenya, ou à Trinidad, aux Antilles...

Il y a eu des heures terribles, où il a fallu se battre pour sauver le bateau. A Madagascar, puis aux Philippines, les cyclones ont bien failli avoir raison de la *Calypso*. Par deux fois, en Antarctique et au Canada, elle est recouverte d'une telle couche de glace que sa stabilité est compromise. Elle heurte un écueil non signalé près des Galapagos, un banc de sable dans le Mississippi. Dans le canal de Suez, la *Calypso* manque d'être coulée par erreur lors de la guerre entre l'Egypte et Israël.

A vrai dire, la *Calypso* a eu chaud dès sa première expédition à destination de la mer Rouge, en 1954. En Méditerranée, une grosse tempête prend l'équipage par surprise, et la surprise tourne à l'angoisse lorsque les deux moteurs calent. La *Calypso* impuissante dérive à toute vitesse vers la côte tandis que l'équipage s'acharne à relancer les moteurs. Les mécaniciens diagnostiquent vite

Après 50 ans en mer, la Calypso est fatiguée. Elle nécessite des soins constants et de fréquentes remises en forme. A bord, tout le monde, qu'il soit matelot novice ou plongeur confirmé, participe à l'entretien et aux réparations du bateau.

le problème : ce sont les filtres de gazole qui se sont encrassés. Les moteurs repartent juste à temps pour éviter la catastrophe.

Enthousiasme et dévouement, ces qualités donnent le ton de l'"esprit Cousteau". Cet esprit, qui allie curiosité, camaraderie et courage, a façonné l'histoire de la *Calypso* au même titre que les modifications de son aspect, les expériences scientifiques menées à son bord ou les découvertes effectuées. Simone Cousteau, la femme du commandant, joue le rôle d'intendante et d'infirmière. Ses enfants, Jean-Michel et Philippe, sont mousses. Des amis de la famille s'improvisent matelots et plongeurs bénévoles.

En ces temps héroïques, le petit groupe explore un univers encore inconnu des hommes. Sans expérience pour la plupart, c'est en explorant que ces copains deviennent explorateurs. Lors de la première sortie de la *Calypso*, un ami des Cousteau, le marquis de Turenne, prend la barre pendant que les autres invités, qui tiennent lieu d'équipage, sont à table. Mais quelque chose cloche. La lune apparaît à bâbord, puis à tribord : le bateau tourne en rond ! Le commandant se précipite sur le pont et s'aperçoit que le marquis a enclenché le pilote automatique, qui malheureusement n'est pas encore branché...

La Calypso *a particulièrement souffert au cours de deux expéditions : au Canada et sur le fleuve Amazone. Aussi d'importants travaux de rénovation ont-ils eu lieu aux Etats-Unis dans les années 80. En mettant ses membrures à nu, les charpentiers de marine découvrent à quel point ceux qui ont construit la* Calypso *ont fait du bon travail.*

La *Calypso* est restée un lieu convivial. Tout le monde mange à la même table et participe aux mêmes conversations. Comme le dit le commandant Jean Alinat, un des premiers équipiers de la *Calypso* : "Tout ce qui se fait à bord intéresse tout le monde. Le cuistot parle océanographie et le biologiste épluche les patates." Les privilèges n'ont pas cours sur la *Calypso*. En revanche, la bonne humeur y règne, et les blagues font partie du quotidien.

L'officier radio Guy Jouas est le grand spécialiste du canular : il n'embarque jamais sans une provision de serpents et d'araignées en caoutchouc. En pleine tempête, il est capable de coller au plancher les chaussures d'un collègue endormi. Le journal d'information qu'il affiche chaque matin dans le carré recèle toujours au moins un gag. Le concours du chapeau le plus rigolo a duré des années et d'innombrables soirées sont consacrées à des concerts improvisés, où un mécanicien joue du violon, un plongeur de la guitare et le commandant de l'accordéon.

A bord de la *Calypso* a toujours régné une ambiance familiale. Jusqu'à sa mort en 1990, Simone Cousteau a veillé constamment sur le moral de l'équipage, coupant les cheveux et recueillant les confidences, s'assurant que ses "garçons" écrivaient à leur famille et se tenaient bien pendant les escales, redonnant courage grâce à son humour à ceux qui en avaient besoin et le sens des proportions à ceux qui se prenaient trop au sérieux : en un mot, elle était la mère de toute l'équipe.

Pour les équipiers de la *Calypso*, le bateau est leur maison, et l'on y trouve donc - c'est bien naturel - des animaux familiers. Au fil des années, des généra-

1

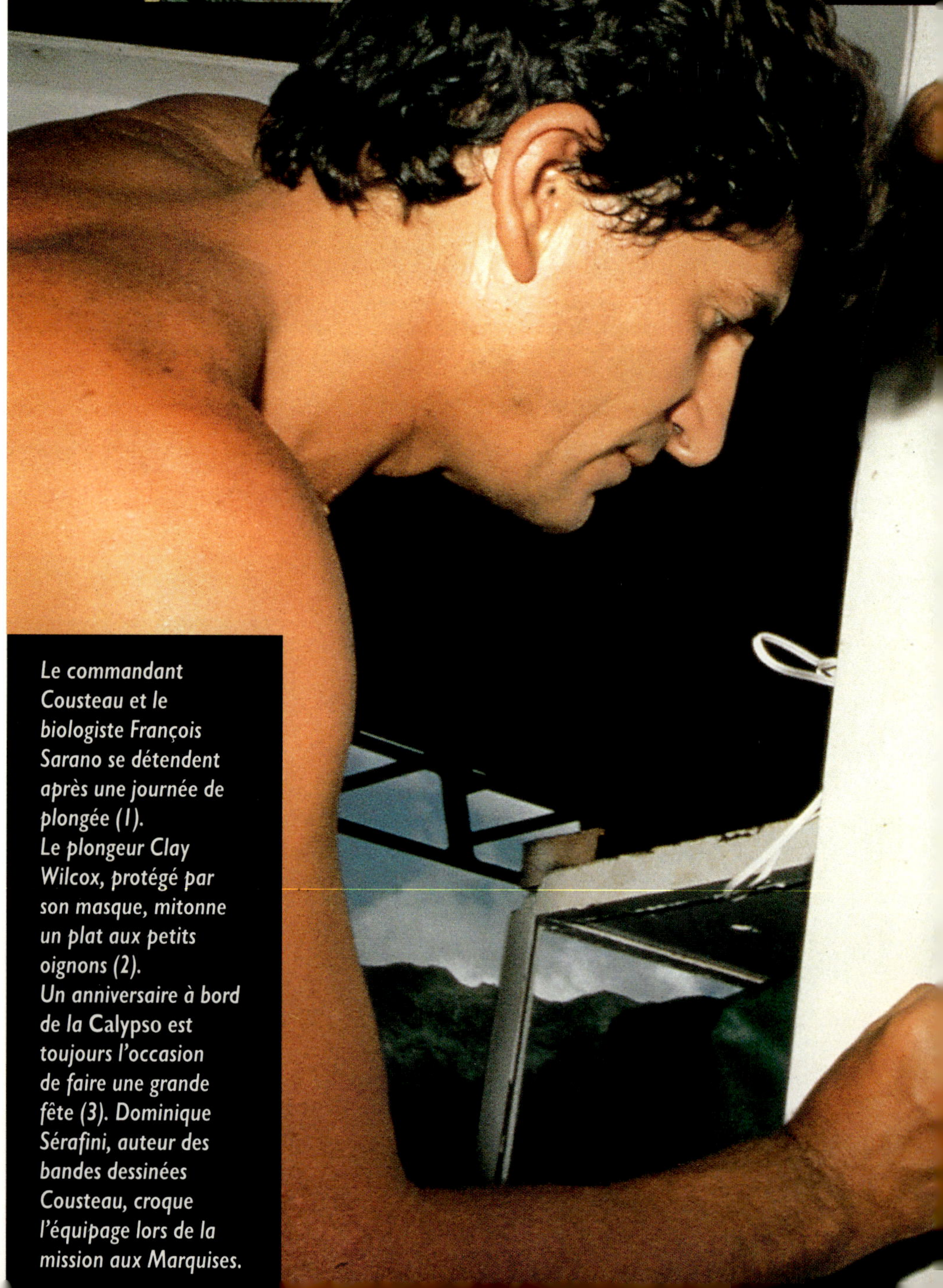

Le commandant Cousteau et le biologiste François Sarano se détendent après une journée de plongée (1). Le plongeur Clay Wilcox, protégé par son masque, mitonne un plat aux petits oignons (2). Un anniversaire à bord de la Calypso *est toujours l'occasion de faire une grande fête (3). Dominique Sérafini, auteur des bandes dessinées Cousteau, croque l'équipage lors de la mission aux Marquises.*

THE COUSTEAU SOCIETY

2

3

ALLO CAROLE ICI CALYPSO...
GM
DORT!! ICI
JE NE SOUIS PAS LENINE... MOI BOB COMPRIS
CA A PAS D'BON SENS TOUT ÇÂ
OH! PORCELUS JUVENILE SUPER!
ENCORE 40 REPAS ET À "LAMAISON"
COMSAT
ACH! Z'ETAIT MIEUX DANS LES U-BOOT! ZABOTACH!
EH! VOUS AVEZ VRAIMENT BESOIN D'AIR POUR PLONGER
QUELLE EQUIPE!

tions de chiens se sont succédé sur le pont, ainsi que des compagnons plus insolites adoptés par les équipiers : Cacha, la loutre géante, les otaries Pépito et Cristobal, un singe marmouset de quelques grammes recueilli sur l'Amazone et baptisé King Kong.

Sur le pont supérieur est installée l'antenne satellite, mais c'est aussi là qu'on fait sécher le linge et qu'on prend des bains de soleil. Des parties de cartes s'improvisent la nuit sur la plage arrière et l'on peut y voir un mécanicien, un scientifique et le pilote de l'hélicoptère jouer au rami pendant des heures. Dans n'importe quel coin du bateau, à n'importe quelle heure, ont lieu des débats passionnés sur tout : écologie, cinéma, plongée, football, sans oublier la prochaine escale !

Au fil du temps, les hommes passent mais ils ont toujours le même profil : esprits curieux, ouverts, passionnés ; travailleurs acharnés, capables de rester des jours sans dormir lors d'un passage difficile ou d'une série de plongées importantes ; compagnons généreux, prêts à partager leur cabine exiguë ou à épauler un ami ; explorateurs impatients de fureter dans les coins les plus reculés de la planète et éprouvant ensuite autant de plaisir à partager leur expérience avec le plus grand nombre.

Cet esprit a été symbolisé sur le drapeau de la *Calypso* par l'artiste Luc-Marie Bayle : le dauphin et la nymphe nagent ensemble, alliant la force et la beauté de la nature à la douceur et la sagesse. Née de la guerre, la *Calypso* est devenue messagère de la paix. Que de chemin parcouru depuis que le JB26 a été baptisé par une fillette, un bouquet de roses à la main !

1

Le chef-plongeur Bertrand Sion fait la toilette de Youki, chien de Simone Cousteau et mascotte de la Calypso *(1). Pour fêter les 60 ans d'Albert Falco, l'équipe compose une chanson d'anniversaire qu'elle entonne en chœur (2). Un orchestre de jazz donne un concert endiablé sur la plage avant de la* Calypso *lors de l'expédition sur le Mississippi (3).*

2

3

Commençons par un lieu ignoré de la plupart des visiteurs : la salle des machines. C'est là que se trouvent les organes vitaux de la *Calypso*, son cœur et ses muscles.

Sur le pont principal, prenons une échelle qui descend vers un antre sombre qui sent l'huile chaude et vibre dans un bruit infernal : la salle des machines.

Voici les deux moteurs Diesel qui font tourner les hélices de la *Calypso* et la conduisent aux quatre coins du monde. Les mécaniciens qui veillent sur ces monstres mettent des casques pour supporter leurs rugissements. Les moteurs qui équipaient le dragueur de mines à l'origine ont tenu le coup pendant près de quarante ans ; les nouveaux ont été offerts par le fabricant en hommage aux services rendus par la *Calypso*. De l'autre côté de la paroi, le dessaleur d'eau de mer, qui fournit de l'eau potable, a augmenté considérablement l'autonomie de la *Calypso*. Des groupes électrogènes fournissent l'électricité nécessaire au bateau, et deux compresseurs alimentent une rampe de gonflage de douze bouteilles de plongée. Voici le chef mécanicien qui surveille devant un énorme tableau de bord le bon fonctionnement des moteurs. Un peu plus loin, un atelier bien équipé permet d'usiner en cas de besoin des pièces de rechange.

Pendant les heures de navigation, quatre mécaniciens se relaient jour et nuit pour faire tourner les machines. C'est un travail un peu ingrat, mais il n'est pas de tâche plus vitale. Sans groupe électrogène, pas de lumière, pas de radio, pas de systèmes de navigation. Et si les moteurs tombent en panne, la *Calypso* peut être drossée par le courant sur des rochers.

Le dur travail des mécaniciens qui œuvrent dans la salle des machines de la Calypso est rarement montré dans les films Cousteau. Les moteurs qui tournent en permanence doivent parfois être réparés en pleine mer. Après des années d'expérience, les mécaniciens de la Calypso sont devenus de véritables experts capables de détecter une défaillance du moteur à la moindre variation de son régime.

Pacifique Sud, Papouasie-Nouvelle-Guinée, 1988.
La Calypso *hisse les pavillons des grandes occasions : elle a rendez-vous avec l'*Alcyone.
Avec son antenne satellite, son hélicoptère, sa soucoupe plongeante, ses zodiacs et son équipement de navigation et de recherche perfectionné, la Calypso *est devenue le bateau d'exploration de la planète dont rêvait le commandant Cousteau dès 1950.*

1. Hélicoptère Félix

2. Soucoupe plongeante Denise

3. Grue Yumbo

4. Passerelle

5. Local radio

6. Cabine du capitaine

7. Local plongée

8. Grand carré

9. Cuisine

10. Cabine du commandant Cousteau

11. Carré du commandant Cousteau

12. Cabine d'équipage

13. Douches et WC

14. Rangements arrière

15. Salle des machines

16. Chambre froide

17. Soute avant

18. "Faux-nez" et chambre d'observation

19. Plate-forme d'observation

20. Cheminée

21. Atelier

22. Rampe de gonflage

23. Treuil arrière

24. Réservoir à fuel pour Zodiac
25. Réservoir d'eau
26. Moteurs
27. Compresseur
28. Rangements salles des machines
29. Chauffe-eau
30. Puits des chaînes d'ancres
31. Rangements avant
32. Guindeau (treuil)
33. "Poisson" du sonar latéral
34. Cloche "JB 26"
35. Antenne satellite
36. Compas extérieur
37. Radar
38. Haut-parleur
39. Radar
40. Alidade (instrument de mesure)
41. Barre
42. Manettes moteurs
43. Radeau de sauvetage
44. Embarcation auxiliaire
45. Réserves de nourriture

Rêvons un peu : rejoignons l'équipage de la *Calypso*. Des milliers de personnes voudraient avoir cette chance : vivre en mer, plonger avec les baleines, découvrir l'inconnu ! Mais la vie à bord de la *Calypso*, si elle est passionnante, n'a rien d'une croisière d'agrément. Un bateau marche jour et nuit et, lorsque ce bateau est aussi un atelier, un laboratoire, un bureau, les journées de travail sont bien longues. Ajoutons à cela le mauvais temps, épuisant pour l'équipage, la chaleur, l'humidité, les moustiques ou la température glaciale difficile à supporter ; et la famille qui n'est pas là pour remonter le moral ! Mais quel plaisir de partir à la découverte des secrets de la mer ! Peut-être serons-nous accueillis par un dauphin amical, peut-être assisterons-nous à la naissance de petits requins... Qui sait quelles surprises notre voyage nous réserve ?

Nous voici à bord. Suivez le guide !

Remontons sur le pont et grimpons sur la passerelle, le cerveau de la *Calypso*. Quel contraste ! On jouit ici d'une vue panoramique sur l'océan. Au milieu trône la barre, tenue par le capitaine en cas de manœuvre délicate. Le reste du temps, les hommes d'équipage se relaient par groupe de deux pour barrer en suivant la route tracée par le capitaine. La passerelle est équipée d'instruments qui donnent au capitaine toutes les informations nécessaires à la navigation : un écran radar signale la présence d'autres bateaux ou d'éventuels obstacles dans le voisinage ; un sondeur indique la profondeur de l'eau en dessous de la *Calypso* et les obstacles immergés situés sur sa route. Un sonar permet de déterminer la hauteur des fonds et de localiser les bancs de poissons. Un système de navigation par satellite permet de connaître avec précision la position du bateau, et d'autres instruments indiquent sa vitesse et sa direction. La radio permet de communiquer avec les Zodiacs et l'hélicoptère. A droite de la barre se trouvent les commandes à distance des deux moteurs. Dans un coin de la passerelle, voici le journal de bord, où sont notés les déplacements du bateau, les tâches effectuées par l'équipage, les allées et venues des équipiers et des visiteurs.

La passerelle d'un bateau joue le même rôle que le cockpit d'un avion. La barre est au centre. A sa gauche se trouvent les commandes du moteur, à sa droite l'écran radar. Le gyrocompas est devant la barre et le pilote automatique est fixé au-dessus d'elle.
Le local radio est équipé d'un matériel perfectionné dont un sondeur très précis et un système de communication par satellite.

Derrière la barre, descendons deux marches : nous voici dans le local radio. Il y fait toujours frais, même en pleine canicule. Ici, la climatisation est indispensable, en raison de la présence d'instruments fragiles.

Voici le téléphone du bateau. Les liaisons téléphoniques établies par satellite coûtent cher : pas question de passer un coup de fil pour bavarder ! Nous sommes ici au quartier général des transmissions : c'est l'officier radio qui a la charge d'établir le contact avec le monde extérieur. Grâce à la radio et au téléphone, on peut parler avec les équipages d'autres bateaux et avec les autorités à terre. Cela peut être vital lorsqu'on a besoin d'aide. L'officier radio dispose aussi d'un télécopieur et d'un télex. Il appelle régulièrement les bureaux de l'équipe en France et aux Etats-Unis pour donner des nouvelles de l'expédition, commander des fournitures et des pièces de rechange, organiser le retour ou l'arrivée d'un membre de l'équipe.

1

2

3

Dans le local radio, on trouve aussi des ordinateurs, des instruments électroniques utilisés pour la recherche, un sonar spécial qui sert à établir la topographie des fonds marins. Une grande table à tiroirs, située au centre de la pièce, contient toutes les cartes dont le capitaine peut avoir besoin.

Le commandant Cousteau appelle l'hélicoptère Félix depuis un camion lors de l'expédition en Amazonie (1). Du local radio de la Calypso (2), il transmet un message à une équipe partie en expédition à terre (3). Le pont supérieur et le portique de la Calypso sont hérissés d'antennes de toutes sortes dont une, l'antenne satellite, a la forme d'un œuf.

Mais où dorment les occupants de la *Calypso* ? Le capitaine dispose d'une cabine à une place située derrière le local radio, de façon à pouvoir être joint rapidement. L'équipe de plongée partage une cabine à quatre places juste à côté. Les vingt-trois autres membres d'équipage sont logés dans des cabines à deux places sur le pont principal ou au niveau de la salle des machines.

Entrons dans une cabine. C'est petit, mais bien agencé. Il y a deux couchettes superposées et un bureau. Parfois - mais pas toujours - un hublot, et dans certaines cabines, un petit lavabo et une glace. Pour ranger les vêtements, deux ou trois tiroirs, deux petits placards, des étagères. Tout le mobilier est conçu pour éviter que les affaires ne s'éparpillent à travers la pièce par gros temps. Le travail et les quarts qui rythment la vie à bord laissent peu de loisir, que l'on passe dans sa cabine, à dormir, à lire ou écrire à sa famille. Les toilettes et les douches de l'équipage sont situées à l'avant, au bout de la coursive.

Pour gagner le carré, qui est à l'arrière sur le pont principal, on passe devant la minuscule cuisine. Le carré, c'est la salle à manger : c'est là que l'on se retrouve à l'heure des repas ou lorsqu'on a envie de compagnie. La pièce est presque entièrement occupée par une longue table. Sur la *Calypso*, le petit déjeuner n'est pas servi à heure fixe ; par contre, tout le monde se rassemble pour le déjeuner et le dîner, annoncés par la cloche. En dehors des repas, le carré sert de salle de réunion et de salon. C'est là que l'on passe les moments de détente entre amis autour d'une tasse de café, à jouer aux échecs ou aux cartes, à regarder une cassette vidéo.

1

Une cabine de la* Calypso *(1). La table de conférence dans la cabine du commandant (2). L'équipage se réunit au mess pour dîner (3) ou pour faire la fête (4). Embarquement des provisions (5). Même en cas de tempête, les assiettes ne glissent pas sur la table du mess grâce à de petites chevilles appelées pinoches (6) et on peut dîner tranquille (7). Les loisirs à bord : lire (8) ou tenir son journal (9).

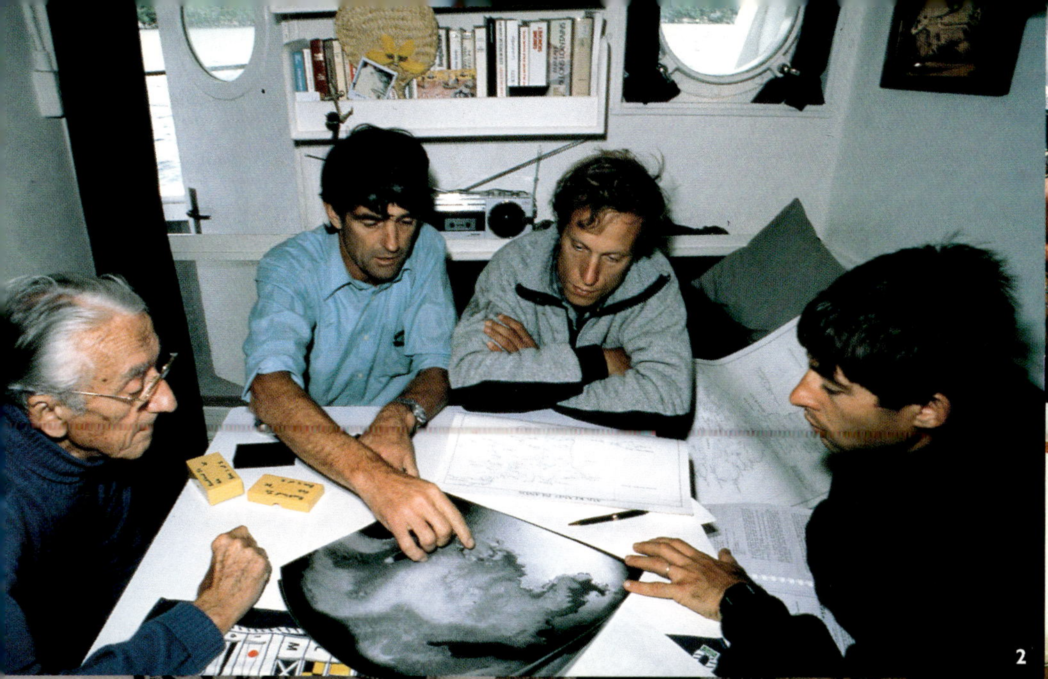

2

5

6

7

3

4

8

9

A bord d'un petit bateau comme la *Calypso*, les conditions de vie ne sont pas luxueuses et l'intimité est presque inexistante ; mais il règne un esprit qu'on ne trouve nulle part ailleurs, une camaraderie irremplaçable. Ici, pas de hiérarchie, pas d'uniforme. Toutes les tâches sont partagées, du lavage du pont au quart sur la passerelle. Et dans les grandes occasions, après une plongée exceptionnelle ou pour un anniversaire, toute la *Calypso* résonne de musique et de rires.

Une fête mémorable est célébrée à bord lorsque la *Calypso* passe l'équateur. Les membres de l'équipage qui franchissent la ligne pour la première fois vont être initiés par Neptune et ses aides, rôles tenus par les "anciens" de la *Calypso*. Maquillés, couverts de peinture, les novices doivent tout d'abord subir un long discours du dieu des océans avant d'être baptisés, c'est-à-dire enduits de farine et d'œufs. La fête se termine en général dans les rires et un arrosage général à l'eau de mer.

Comme tout marin qui se respecte, l'équipier de la* Calypso *aime les traditions. Le passage de l'équateur donne lieu à une fête. Le roi Neptune initie les membres de l'équipage qui franchissent "la ligne" pour la première fois.

Sur la *Calypso*, certains sont là pour faire marcher le bateau. D'autres sont chargés de tâches d'exploration, car c'est la principale mission de la *Calypso*.
Lors des plongées, un travail cinématographique et scientifique important doit être fait. La vie du bord s'organise autour de ces deux activités. Le capitaine choisit sa route et s'approche des récifs pour faciliter les explorations. Au fil des ans, des dizaines de plongeurs ont effectué des dizaines de milliers de plongées à partir du pont de la *Calypso*. Une expérience unique au monde.

2

1

3

4

Rendons-nous sur la plage arrière. Nous trouvons un petit local garni de niches où sont rangés les outils et les pièces de rechange nécessaires à l'entretien du matériel de plongée. De l'autre côté du pont, sous la plate-forme de l'hélicoptère, bouteilles de plongée, détendeurs, tubas, combinaisons, ceintures de plomb, palmes, gants, profondimètres, débordoirs à requins, sont bien rangés sur un râtelier. C'est ici que les plongeurs se retrouvent pour s'équiper avant chaque plongée. Quand la *Calypso* est mouillée à l'emplacement propice, il peut y avoir deux plongées matinales, deux autres l'après-midi et une de nuit. Le chef plongeur fixe le plan de plongée : profondeur, durée et paliers de décompression à respecter lors de la remontée.
Le cameraman organise le travail cinématographique, désignant par exemple les plongeurs chargés de l'éclairage. L'équipe de plongée une fois constituée comprend en général : deux cameramen, l'un s'occupant des plans larges et l'autre des plans serrés, un photographe,

5

Le premier détendeur Cousteau-Gagnan (1) paraît bien primitif comparé à l'équipement d'aujourd'hui (2), mais c'est pourtant la plongée autonome qui a ouvert à l'homme les portes du monde sous-marin. Le commandant Cousteau l'a essayé pour la première fois en 1942 dans la Marne (3). L'équipe Cousteau le teste au cours des années 50 (4) et lui apporte les perfectionnements qu'il connaît aujourd'hui (5).

un biologiste, deux éclairagistes et deux porte-câbles. Tous embarquent à bord de deux Zodiacs. Le toubib les accompagne. C'est lui qui assurera la sécurité du groupe en surface. Un troisième Zodiac les suit, chargé de trois mécaniciens et de deux groupes électrogènes qui alimentent l'éclairage sous-marin.

Lors des expéditions où l'on prévoit des plongées très profondes, la *Calypso* embarque une tourelle de Galeazzi.

1

Assez spacieuse pour accueillir plusieurs plongeurs, la tourelle est mise sous pression en fonction des profondeurs visées et chargée d'un mélange gazeux spécial qui rend la plongée plus sûre à grande profondeur. Mise à l'eau par la grue de la *Calypso*, la tourelle sert de refuge au fond et d'ascenseur pour remonter à la surface. Elle permet aussi d'effectuer plus efficacement et agréablement les longs paliers obligatoires après les plongées profondes.

En cas d'accident de plongée, une chambre de recompression cylindrique est installée en permanence sur le pont supérieur et il y a toujours un médecin à bord. Les problèmes sont rares, mais la *Calypso* est parée pour y faire face.

Le retour à la surface ne signifie pas que la journée est finie. Chaque élément de la tenue de plongée doit être rincé à l'eau douce pour éliminer le sel, qui détériorerait vite le caoutchouc et le métal de l'équipement. Enfin, il faut prendre une douche chaude, car même dans les mers tropicales, on se refroidit pendant les heures passées dans l'eau.

2

3

4

L'équipement de plongée utilisé à bord de la Calypso évolue constamment. Le carénage qui contient les bouteilles (1) est argenté pour imiter la couleur des poissons, de même que les combinaisons et scooters sous-marins (4), alors que le matériel ancien était moins discret sous l'eau (2 et 3). Des matériaux nouveaux ont permis de réduire la taille des bouteilles d'air comprimé et de fabriquer un équipement plus fiable et plus résistant (6). Le détendeur à deux tuyaux utilisé sur Calypso a peu changé en 50 ans (5). Pour les plongées profondes, on met une chambre de décompression à l'eau (6, 7, 8, 9).

5

6

7

Dès le début de l'aventure Cousteau, l'équipe s'est employée à fixer sur la pellicule les merveilles cachées de l'océan. Le commandant Cousteau a été le premier cameraman du bord, et aujourd'hui, c'est encore lui qui tient parfois la caméra en plongée. Mais l'équipe s'est enrichie de spécialistes : opérateurs de prises de vue, photographes, ingénieurs du son. Pour connaître leurs conditions de travail, descendons sur le pont inférieur. A l'avant de la salle des machines, une petite pièce climatisée abrite le laboratoire photo de la *Calypso* et sert en même temps à entreposer caméras et pellicules. Elle fait aussi office de chambre noire pour l'assistant opérateur qui recharge les caméras.

Les cabines des cinéastes et des photographes regorgent de matériel qui s'entasse dans tous les coins. Chaque jour, avant de se mettre au travail, ils préparent soigneusement leur équipement. Ils doivent toujours être prêts à bondir dans un Zodiac si un événement intéressant se présente : un troupeau de baleines ou un requin-pèlerin qui apparaît devant le bateau, une rencontre avec un bateau de pêche artisanale, un banc de poissons repéré par le sonar…

Le soir, ils remplissent des formulaires répertoriant les séquences tournées dans la journée.

Dès que la *Calypso* touche un port, l'équipe expédie les bobines et les pellicules aux bureaux Cousteau en France ou aux Etats-Unis. Les films seront montés pour être présentés à la télévision et les photos illustreront livres et magazines.

1

2

3

4

Instruments de prises de vues sous-marines : les appareils du photographe (1) et les caméras de l'équipe de tournage (2). Pour parvenir à filmer les hippopotames particulièrement farouches, les cameramen se sont glissés dans ce faux hippopotame (3) grandeur nature. Conditions de tournage difficiles en Amazonie (4) où le matériel a souffert de l'humidité et de la chaleur. Une scène maintes fois répétée : le commandant Cousteau entraîne son équipe dans des profondeurs inconnues (5).

5

1

2

Dans des eaux où les squales abondent, la cage anti-requins est un équipement indispensable. L'ancien modèle (1) a été remplacé par une nouvelle cage plus perfectionnée en acier inoxydable (2). Conçue et réalisée par l'équipe Cousteau, cette cage a permis de mener une étude sans précédent sur les grands requins blancs.

Lorsque la *Calypso* s'apprête à explorer une région peu connue, comme le delta du Mékong, à approcher des animaux, comme les baleines à Hawaï, ou à étudier un phénomène insolite, comme la reproduction des coraux, l'équipe accueille volontiers à bord des spécialistes, qui travaillent avec l'aide de l'équipe de plongée.

Tout le bateau est alors mobilisé pour faciliter la tâche des scientifiques. Comme les cinéastes, ils transforment souvent leur cabine en laboratoire improvisé. Ils utilisent aussi une petite pièce équipée d'un évier et d'une paillasse située près de la salle de douche.

La plage arrière est la partie du bateau à partir de laquelle on a le plus facilement accès à la mer. C'est donc là que l'on stocke le matériel scientifique : appareils de mesure, récipients divers, bacs à échantillons de grande dimension... L'équipement le plus encombrant est également entreposé sur le pont arrière et en dessous, dans la cale. En furetant un peu partout, nous dénichons des filets à plancton, des bocaux destinés à recueillir des échantillons d'eau, des appareils mesurant le courant, d'autres servant à prélever sur le fond des échantillons de vase et de sédiment.

Au fil des années, l'équipement scientifique classique embarqué sur la *Calypso* a permis à ses équipes de faire progresser les connaissances en physique, chimie, biologie et géologie marine. Mais l'équipe s'est consacrée aussi à l'archéologie sous-marine. Lorsque la *Calypso* part à la recherche de navires engloutis ou autres vestiges du passé, on installe sur la plage arrière un énorme aspirateur appelé "suceuse", qui permet aux plongeurs d'enlever la vase qui recouvre les épaves.

1

2

3

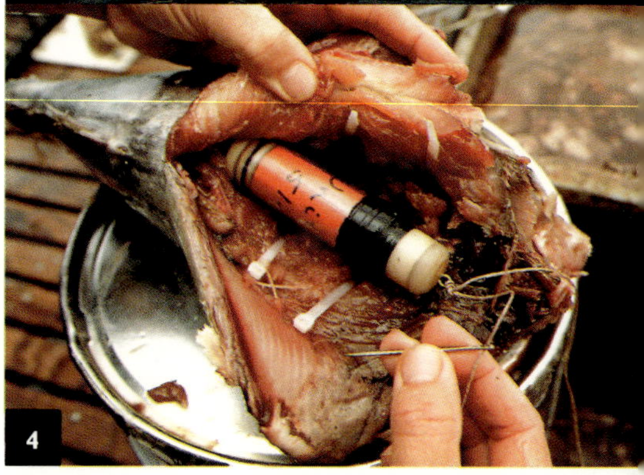

4

Les équipiers de la *Calypso* ont très vite constaté que toutes les formes de vie marines étaient dépendantes les unes des autres et que cet équilibre était fragile. Dès les premières années d'explorations de la *Calypso*, le commandant Cousteau a donné l'alarme, révélant que les aménagements côtiers, la pollution et la surpêche faisaient peser de graves menaces sur l'écosystème océanique. Depuis lors, la *Calypso* a consacré la majeure partie de son travail scientifique à l'étude et à la protection de l'environnement.

Le mini-centre de recherches de la *Calypso* se trouve à un endroit que nous connaissons déjà. Remontons sur la passerelle pour redescendre dans le local radio. Ce quartier général des communications est aussi un centre de traitement et d'archivage des données scientifiques.

Le long de la paroi tribord, un terminal d'ordinateur est relié à un appareil d'analyse d'eau. Quand on immerge ce dispositif, il transmet en continu à l'ordinateur les données physiques et chimiques de l'eau de mer jusqu'à une profondeur de 2 milles (3 200 mètres). Ces informations conservées en mémoire

5

9

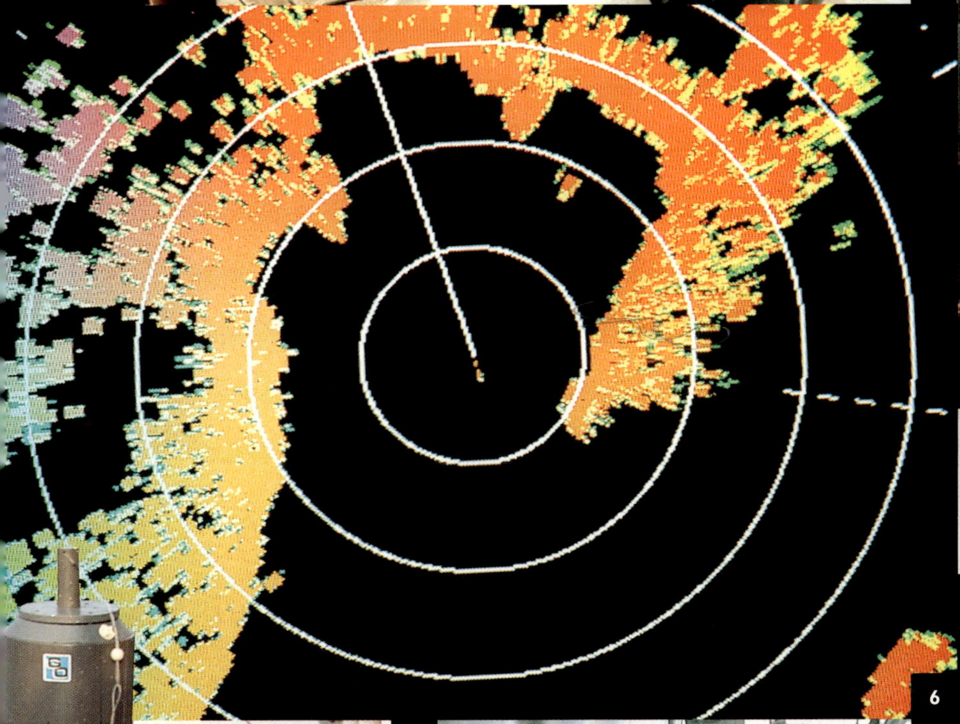

6

10

7

8

Le travail scientifique sur la Calypso : analyse de l'eau (7, 8, 10), prélèvement de la faune qui vit sur le fond à l'aide d'une drague (9), étude topographique (5), enregistrement des sons produits par les dauphins et les baleines (1). Dans cet appât (4), on dissimule un émetteur qui permettra de suivre à la trace l'animal qui l'avalera. Le sonar (2) est un appareil de détection sous-marine, comme le radar (6) à la surface. C'est en 1964 que fut créé le premier laboratoire flottant (3).

permettent à la *Calypso* de mener à bien sa mission d'évaluation de la qualité des eaux.

Le local radio a été aussi le théâtre de recherches menées conjointement par la *Calypso* et la Nasa. Pendant que les satellites photographiaient certaines zones marines vues de l'espace, l'équipe Cousteau effectuait des mesures sur les mêmes régions, en surface et sous l'eau. En comparant les résultats, on parvient à mieux décrypter les clichés pris depuis l'espace.

Mais rien ne vaut l'observation directe de la vie marine pour percevoir l'impact que les activités humaines ont sur elle. Aussi, pendant la plongée, le biologiste note ses observations sur une ardoise en plastique : la nature du fond, les espèces rencontrées, leur distribution et leur comportement, les pollutions ou dégradations du milieu naturel... A l'affût du moindre indice insolite, le biologiste et le chef cameraman guident l'équipe de plongée.

Mais le travail le plus long se fait une fois de retour à bord. Le biologiste s'installe devant la petite table de sa cabine et consigne méticuleusement toutes ses observations sur son journal de bord. En fin de mission, il reprend ces informations, les analyse et rédige un rapport scientifique sur la richesse des fonds océaniques et les menaces qui pèsent sur eux. Ce rapport sera remis aux autorités locales et aux organismes scientifiques. Depuis 50 ans, la *Calypso* est un instrument unique de recherches et d'observation du monde marin.

1

Les plongeurs de l'équipe Cousteau font parfois des découvertes qui présentent un grand intérêt scientifique : spécimens inconnus de la vie sous-marine ou vestiges de l'histoire humaine (2). Mais de plus en plus, ils apportent la preuve que l'état de la mer se dégrade à un rythme effrayant : fûts de substances chimiques toxiques, au large de l'Italie (1), poissons victimes de la pollution (3).

2

3

Dès les premières années d'exploration de la *Calypso*, le commandant Cousteau a cherché le moyen de s'aventurer à plus de 75 mètres de profondeur, limite de la plongée en scaphandre autonome. Au-delà, il faut au plongeur soit un mélange respiratoire spécial, soit un habitacle qui le protège des effets de la pression. Jacques-Yves Cousteau et l'ingénieur Jean Mollard mettent au point le premier mini-sous-marin d'exploration, surnommé "soucoupe plongeante" en raison de sa forme. Baptisée *Denise* par l'équipe, la soucoupe est montée à bord de la *Calypso* en 1959. Elle peut emmener deux hommes pendant quatre heures jusqu'à 350 mètres de profondeur.

La cale arrière sert de garage à la soucoupe plongeante. Elle repose sur une plate-forme et tout ce qui est nécessaire à son fonctionnement est entreposé à proximité, y compris les poids de plomb utilisés comme lest pour la faire descendre. C'est avec la grue que l'on met la soucoupe à l'eau et qu'on la hisse sur le pont arrière.

Les deux hommes à bord de la soucoupe sont allongés sur des matelas, scrutent les profondeurs par les hublots et actionnent les deux caméras. Plus le sous-marin descend, plus l'eau s'assombrit autour d'eux. Mais de puissants projecteurs révèlent parfois des créatures encore jamais observées par l'homme. Denise est devenue une indispensable alliée pour les missions d'exploration. Elle a aujourd'hui plus de 1500 plongées à son actif.

1

3

La célèbre soucoupe plongeante (1). Malgré son allure de vaisseau spatial (2), elle fonctionne grâce à un système de propulsion très simple. L'eau est aspirée à l'extérieur et ressort sous pression par 2 tuyères qui assurent le déplacement de la soucoupe par réaction, comme un calmar. Les deux personnes qui prennent place à bord de la soucoupe peuvent regarder à l'extérieur par les hublots (3), tout en surveillant (4) les caméras, la pince à prélèvements, le panier à échantillons, le ballast, les projecteurs et la radio.

La *Calypso* possède aussi des yeux pour voir depuis le ciel ! Depuis l'expédition de 1972 en Antarctique, elle accueille un hélicoptère biplace, baptisé *Félix* par l'équipage. La plate-forme jaune surélevée au-dessus du pont arrière tient lieu d'héliport et de garage lorsque *Félix* ne vole pas.

Montons sur le pont supérieur pour l'examiner de plus près. Si le rotor est immobile, nous pouvons nous avancer sur le grillage métallique de la plate-forme et jeter un coup d'œil à l'intérieur. Peut-être le pilote est-il occupé à des travaux d'entretien ? L'hélicoptère sert tous les jours et il est en permanence exposé aux intempéries. Aussi le pilote passe-t-il plus de temps à le maintenir en bon état qu'à voler à son bord.

Félix assure des vols de reconnaissance pour la *Calypso* avec qui il est en contact radio. Le cameraman, le photographe, accompagnent souvent le pilote pour filmer et prendre des photos aériennes. En vol, on porte toujours des écouteurs et un micro : c'est le seul moyen de communiquer avec le pilote, car le moteur est très bruyant. Pour piloter *Félix*, il faut savoir décoller et se poser sur un bateau qui se déplace lui-même sur une mer parfois houleuse. Mais une fois en l'air, le passager a l'impression d'être dans une bulle de verre, emportée par un tapis volant.

Félix, l'hélicoptère de la Calypso, a toujours été conduit par des pilotes hors-pair. Tel une libellule géante, il est capable des plus extraordinaires acrobaties, vol stationnaire pour déposer des hommes et du matériel dans un endroit inaccessible ou vol en marche arrière pour effectuer un repérage. La plupart du temps, pour permettre aux cameramen de filmer en toute liberté, on enlève les portes latérales.

N102CS

1985 : un joli bateau blanc s'élance pour la première fois sur les vagues, sous le regard attentif de l'équipe Cousteau. La *Calypso* a une nouvelle petite sœur, baptisée *Alcyone*.

Cet heureux événement marque le début d'une ère nouvelle pour la navigation. L'*Alcyone*, qui porte le nom de la fille d'Eole, dieu des vents, est un bateau qui ne ressemble à aucun autre. Il est conçu pour économiser le carburant et pour limiter au maximum la pollution. Il possède deux voiles métalliques, appelées Turbovoiles. Celles-ci ressemblent à des cheminées. Pourtant, elles sont quatre fois plus efficaces que des voiles classiques, y compris celles utilisées lors des grandes courses comme La coupe de l'America.

Quand le commandant Cousteau a commencé à sillonner les mers à bord de la *Calypso*, le carburant Diesel utilisé par les moteurs était bon marché et semblait inépuisable. On ne se souciait pas, à l'époque, du fait que le pétrole est une ressource limitée ; on ne s'inquiétait pas de la pollution produite par sa combustion. Quand le commandant Cousteau s'est rendu compte, non seulement des coûts de plus en plus élevés, mais aussi des problèmes liés à l'utilisation du pétrole, il a rêvé de créer un bateau moderne dont la propulsion serait assurée au moins en partie par le vent - une forme d'énergie propre, gratuite et renouvelable.

Avec l'assistance d'une équipe d'ingénieurs, il fait revivre et améliore un concept abandonné depuis plusieurs décennies. Ce principe consiste à utiliser une voile métallique creuse en rotation. Cousteau et ses associés, le professeur Malavard et Bertrand Charrier, utilisent un cylindre fixe, fonctionnant comme une aile d'avion. Ils ajoutent à cette aile dressée sur le pont du bateau des dispositifs destinés à améliorer l'efficacité de cette voile originale : un volet mobile et un système d'aspiration avec hélice. Les modèles réduits testés en soufflerie fonctionnent parfaitement.

Puis Cousteau et ses associés passent à la pratique avec un modèle grandeur nature : la Turbovoile est installée sur le pont d'un catamaran baptisé *Moulin à vent*. Et, pour prouver la validité de leurs idées, ils partent de Tanger pour gagner New York. Tout se passe bien, mais non loin des côtes américaines, le vent souffle à plus de 50 nœuds et les soudures qui maintiennent la Turbovoile finissent par céder et celle-ci tombe à la mer. L'équipe se rend compte qu'il lui faut concevoir une coque spéciale pour accueillir la Turbovoile.

Avec les conseils de l'équipe Cousteau, des ingénieurs en construction navale conçoivent une coque originale en aluminium, à la fois légère et solide. A l'arrière, elle est double comme celle d'un catamaran, ce qui garantit une grande stabilité ; à l'avant, elle est simple, pour mieux fendre la houle. Deux Turbovoiles se dressent sur le pont et deux moteurs Diesel fournissent le complément indispensable à la force du vent. L'*Alcyone* est née. Deux ans plus tard elle se lance à son tour depuis La Rochelle à l'assaut de l'Atlantique. La traversée est un succès.

En 1983, le prototype Moulin à Vent connaît bien des déboires au cours de sa traversée de l'Atlantique (1). Les étapes de la construction de l'Alcyone révèlent l'originalité de sa conception (2 et 3). Deux systèmes permettent de réduire les turbulences d'air dans les Turbovoiles : un ventilateur, placé au sommet du cylindre métallique creux (7) et un clapet mobile à l'extérieur. La Turbovoile est conçue de manière à pouvoir prendre le vent quelle que soit sa direction (6). Panneau solaire (4). Un Zodiac monte directement sur la rampe arrière alors que l'Alcyone est en marche (5).

1

2

3

4

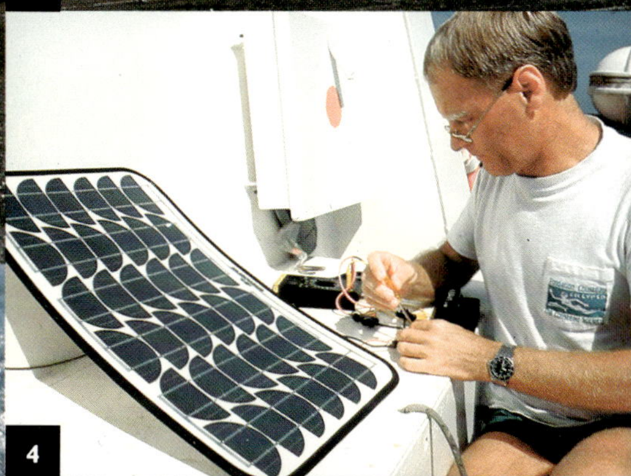

5

6

7

L'Alcyone fait le plein en mer, au large de la petite île de Nauru dans le Pacifique Sud. Les nombreux hublots pratiqués dans le pont dispensent de la lumière aux cabines de l'équipage situées en-dessous. FIOX, le nom de code radio inscrit sur le pont, permet aux avions qui survolent le bateau de l'identifier.

L'*Alcyone* est bonne pour le service. Avec sa sœur aînée, la *Calypso*, elle entreprend aussitôt après sa traversée inaugurale une série d'expéditions destinées à évaluer les effets de l'action humaine sur les milieux naturels. C'est "La Redécouverte du monde", au cours de laquelle les deux navires suivent des routes différentes, se retrouvant parfois pour effectuer des missions conjointes.

Faisons maintenant connaissance avec l'*Alcyone* : à bord du nouveau bateau, la technologie la plus moderne est omniprésente. Des ordinateurs régissent le fonctionnement des Turbovoiles et des moteurs de façon à économiser l'énergie au maximum ; les moteurs passent automatiquement au régime supérieur dès que le vent faiblit, afin de maintenir une vitesse constante. Quand le vent est fort et bien orienté, les moteurs cessent même complètement de tourner. L'informatisation des systèmes de commande est si poussée que, théoriquement, l'*Alcyone* pourrait une fois programmée naviguer sans équipage. En réalité, il faut cinq personnes pour assurer la marche du bateau, qui peut accueillir au total douze hommes d'équipage.

1

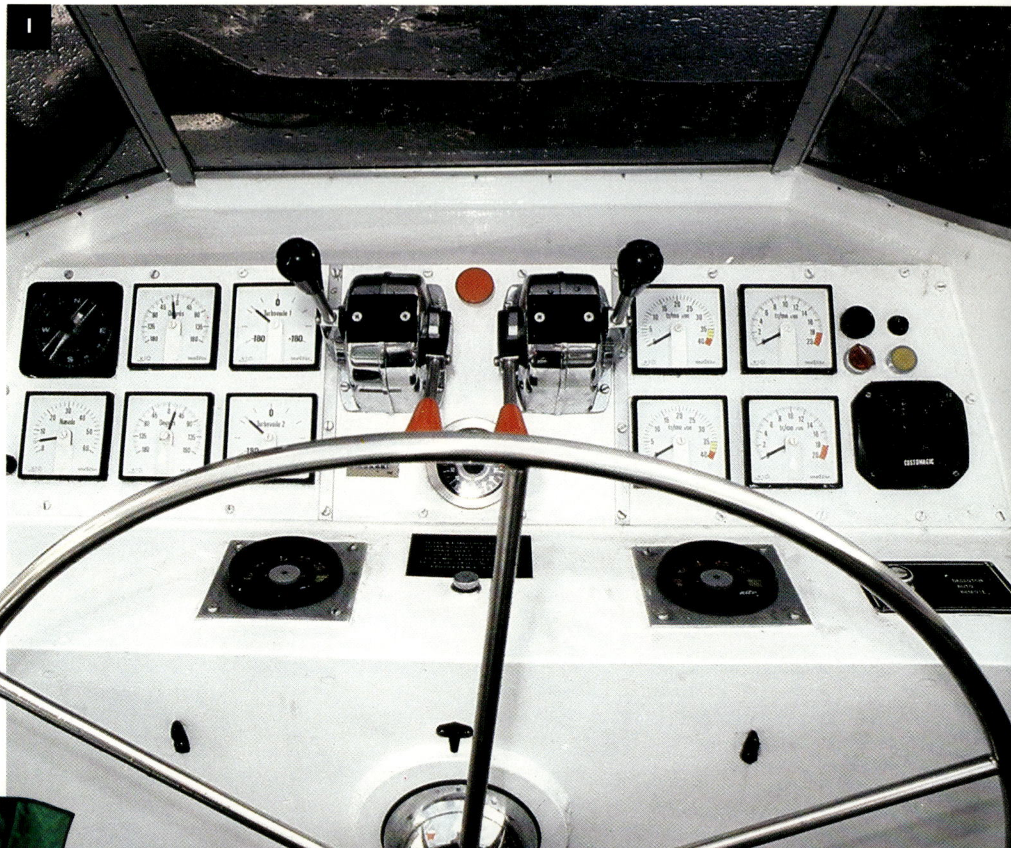

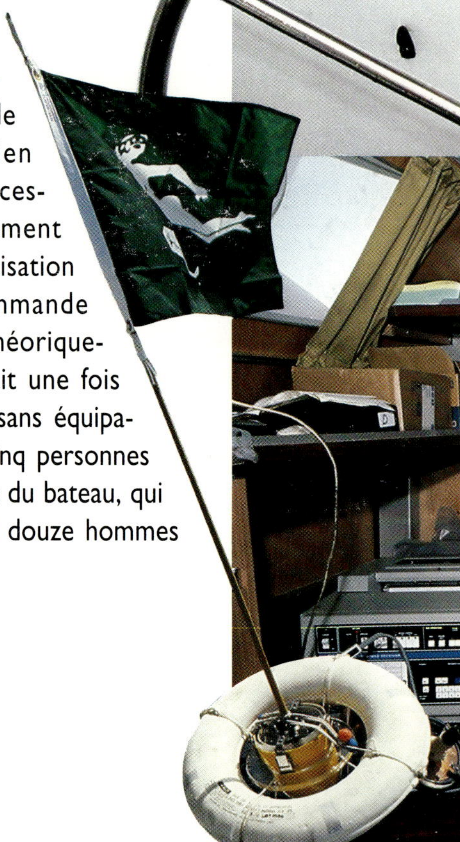

2

Visite guidée de l'Alcyone : la passerelle extérieure est utilisée pour la navigation par beau temps (1) ; la salle de radio et d'informatique (2) ; le tableau de bord informatisé, sur la passerelle principale (3) ; la cuisine, spacieuse et moderne (4) ; enfin la salle des machines (5), d'une propreté scrupuleuse.

POUR LES ANGLES DE BARRE
SUPERIEURS A 35° REDUIRE L'ALLURE
COLOR RADAR

3

4

5

Comme la *Calypso*, l'*Alcyone* est équipée de systèmes de navigation et de communication par satellite, de matériel de plongée, de photographie et d'audiovisuel professionnels. Mais l'équipe de l'*Alcyone* bénéficie d'éléments de confort moderne inconnus sur la *Calypso*. Par exemple, le bateau à vent est entièrement climatisé et chauffé, les sols sont moquettés, la cuisine, un peu plus vaste, comporte des appareils ménagers permettant de gagner du temps et de la place : four à micro-ondes, compacteur d'ordures.

La navigation sur l'*Alcyone* présente certains avantages par rapport à la *Calypso*. Elle brûle moins de carburant, exige moins de main-d'œuvre et induit donc des coûts de fonctionnement moindres. Son tirant d'eau est inférieur à celui de la *Calypso*, elle peut donc évoluer en eau moins profonde, sur un fleuve par exemple. Mais l'*Alcyone*, plus petite, ne peut prendre à son bord ni hélicoptère ni submersible ; elle ne peut accueillir autant d'invités que sa grande sœur et son équipage est bien sûr plus réduit. Aussi chaque membre de l'équipe doit-il être plus que jamais capable de coiffer plusieurs casquettes : matelot, plongeur, cinéaste, chercheur...

L'*Alcyone* a beau être toute jeune, elle a déjà parcouru de vastes étendues du Pacifique Sud, contourné le cap Horn, pour gagner ensuite l'océan Arctique, puis remettre le cap au sud pour effectuer une grande mission en Papouasie-Nouvelle-Guinée, avant d'explorer longuement la côte ouest de l'Australie, et d'y taquiner le grand requin blanc.

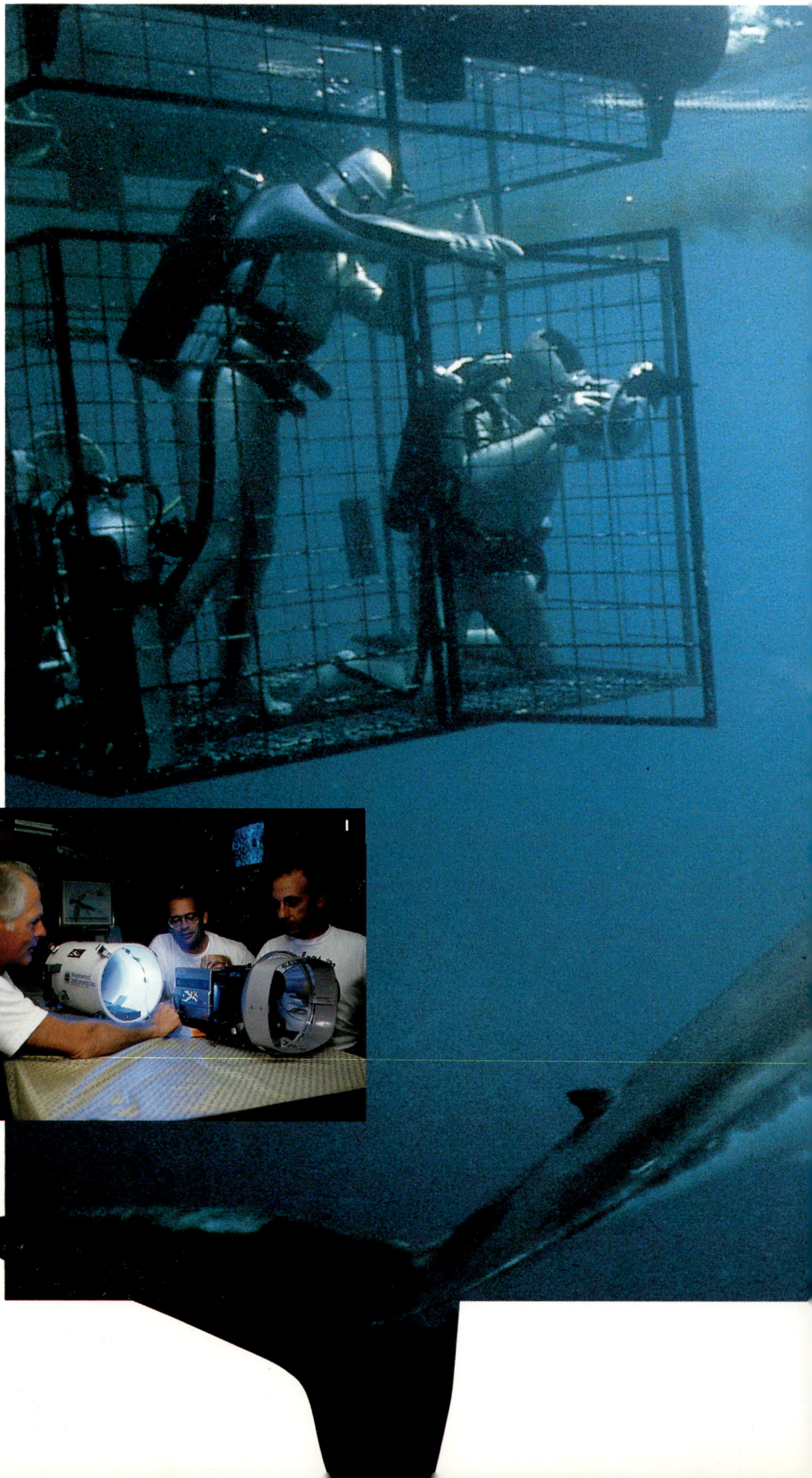

1

Les scientifiques embarquent sur l'Alcyone l'équipement dont ils ont besoin pour leurs expériences : un appareil spécial pour mesurer l'abondance du plancton végétal (1) ; les cages anti-requins en plastique très résistant (2) ou en acier inoxydable (3) ont permis aux plongeurs d'étudier les grands requins blancs de très près.

Pendant les années qui ont suivi l'invention du scaphandre autonome, le commandant Cousteau et ses compagnons de plongée ont dû se contenter d'explorer des sites peu éloignés des côtes méditerranéennes. Mais ils rêvaient d'étendre leurs investigations au monde océanique, qui couvre les deux tiers de la planète et dissimule dans ses profondeurs tant de mystères.

Grâce à la *Calypso*, puis à l'*Alcyone*, ce rêve s'est réalisé. En quarante ans, les équipes Cousteau ont exploré tous les océans, les zones côtières de tous les continents, elles ont abordé des îles lointaines, elles ont remonté les plus grands fleuves de la planète et se sont même aventurées jusque sous la glace des deux pôles. Feuilletons ensemble quelques pages de l'album photo Cousteau...

L'expédition Antarctique, en 1972-1973, a été l'aventure la plus téméraire de la **Calypso**. *Le navire, prisonnier de la banquise et victime d'une tempête d'une violence inouïe, a frôlé la catastrophe. Au cours de cette mission, l'équipe réalise la première plongée sous un iceberg et filme des animaux étonnants.*

En 1975, la Calypso effectue en mer Egée une mission d'archéologie sous-marine particulièrement fructueuse qui dure un an. Des centaines de plongées, parfois à de grandes profondeurs, permettent de remonter d'inestimables pièces de l'artisanat grec antique. Cette mission a également permis de repérer le frère du Titanic, le Britannic, coulé par une mine allemande en 1916.

L'expédition la plus ambitieuse et la plus difficile à organiser de la Calypso fut l'étude approfondie du bassin de l'Amazonie, menée de 1982 à 1983. Pendant que le bateau explorait le fleuve, des équipes volantes sillonnaient la jungle et les affluents du grand fleuve, depuis ses sources jusqu'à la mer. Ces équipes ont rencontré des tribus indigènes et, au cours de nombreuses plongées, ont eu tout loisir d'observer la faune locale : piranhas, anacondas, dauphins roses.

Le premier voyage de l'Alcyone fut la traversée de l'Atlantique, effectuée en 1985. A son arrivée à New York, le bateau à vent reçut un accueil triomphal. La preuve était faite que le système Turbovoile constituait un moyen de navigation d'avenir.

En 1986, épreuve de vérité pour l'Alcyone : le passage du Cap Horn. Les vents imprévisibles et les tempêtes qui s'y déchaînent en font l'un des points du globe les plus redoutés des navigateurs. L'Alcyone a franchi l'obstacle mais elle a souffert d'une légère avarie après avoir heurté un récif non mentionné sur les cartes.

En 1987, pendant que la Calypso *navigue sous les tropiques, l'*Alcyone *met cap au Nord vers des cieux moins cléments : la baie du Glacier en Alaska, les mers de Béring et de Beaufort. Sa mission est d'observer comment le monde moderne a modifié la vie traditionelle des eskimos.*

Lors de son périple à la redécouverte du monde, la Calypso *fait escale dans le Pacifique Sud en 1987. L'équipe réalise une étude approfondie de l'archipel des Tuamotu, explorant les récifs de corail, mesurant les effets des expériences nucléaires, s'intéressant à la culture polynésienne menacée de disparition.*

*En 1988, l'*Alcyone *par pour une mission de deux ans sur la côte occidentale de l'Australie, tandis que la* Calypso *explore la Grande Barrière de Corail. Les équipes de plongée filment quelques-uns des plus impressionnants habitants de l'océan, tels les crocodiles, les serpents et les grands requins blancs. Une équipe terrestre part à la rencontre des aborigènes.*

L'équipe Cousteau a salué à sa manière la réunification de l'Europe. De 1990 à 1992, plongeurs, scientifiques, cinéastes explorent le Danube en brise-glaces, en canoë ou en hélicoptère, de sa source jusqu'à la mer Noire.

Les voyages de la Calypso (en bleu)
et de l'Alcyone (en rouge).

Les expéditions de la *Calypso* et de l'*Alcyone* ont approfondi nos connaissances sur l'écosystème aquatique si complexe de la planète. Mais chaque fois qu'un mystère est résolu, une nouvelle question se pose, interpellant l'équipe qui se lance alors dans une nouvelle aventure. Les bateaux peuvent dans la plupart des cas amener les équipes à pied d'œuvre pour étudier les récifs de coraux, les mangroves et autres écosystèmes marins, mais il est souvent indispensable de recourir à un matériel spécial pour mener à bien ces missions complexes.

Il a fallu l'acheter, l'inventer ou bricoler un équipement adapté. Ainsi sont nées des embarcations nouvelles : radeau gonflable, Zodiac, camion amphibie... Les premières photos des grandes profondeurs ont été réalisées grâce à la troïka, un traîneau sous-marin équipé d'appareils-photo spéciaux. La curiosité, l'imagination, l'ingéniosité et la bonne volonté de l'équipe permettent de surmonter bien des difficultés techniques.

Cousteau ne s'est pas contenté d'affranchir le plongeur du cordon ombilical qui le reliait à la surface. Il s'est efforcé de le libérer d'une autre contrainte : le temps. L'homme peut-il passer des heures, des semaines, des mois sous l'eau ? L'homme peut-il vivre sous la mer ? Pour relever ce nouveau défi, l'équipe Cousteau se lance dans une folle aventure : bâtir des maisons sous-marines. Ce programme, baptisé Précontinent, se déroula en 3 étapes : Précontinent I, II et III. En 1962, Précontinent I : deux hommes passent une semaine dans un habitacle immergé par 10 m de profondeur au large de Marseille. Chaque jour, ils sortent effectuer des travaux jusqu'à une trentaine de mètres de profondeur. Le succès de Précontinent I annonce un projet plus ambitieux. En 1963, Précontinent II est installée en mer Rouge : elle comporte une habitation à 10 m, une autre à 25 m, un garage pour la soucoupe et un hangar à outils. Cinq océanautes passent un mois au fond sans remonter à la surface et effectuent divers travaux scientifiques. En 1965, une sphère à damier noir et jaune est immergée près de Nice à la profondeur extraordinaire de 110 m : c'est Précontinent III, une confortable maison dans laquelle six océanautes passent trois semaines.

1

2

3

L'épopée Précontinent a prouvé que des êtres humains peuvent vivre et travailler sous la mer pendant une durée assez longue. Mais les océanautes confient à leur retour que la lumière du soleil leur a terriblement manqué. L'homme n'est pas fait pour vivre

En 1962, Albert Falco et Claude Wesly deviennent les premiers océanautes de l'histoire en passant une semaine dans la maison sous-marine baptisée Diogène lors de l'expérience Précontinent I (4). L'année suivante, Précontinent II, véritable petit village, est immergé en mer Rouge (1 et 2). En 1965, l'expérience Précontinent III, permet à 6 océanautes de travailler presque un mois à 100 mètres de profondeur (3).

dans les profondeurs obscures...
La *Calypso* et l'*Alcyone* sont grandes et ont un tirant d'eau important. Aussi manœuvrantes et bien pilotées qu'elles soient, elles ne peuvent pas toujours repérer elles-mêmes le passage le plus sûr pour traverser un récif, ni amener l'équipe sur les lieux de plongée. Aussi les deux bateaux transportent-ils des petites embarcations beaucoup plus maniables et rapides, faciles à mettre à l'eau à partir du pont et à remonter à bord avant un long trajet en mer. Ces "canots" sont parfois en bois ou en plastique, mais les plus pratiques sont les bateaux gonflables appelés Zodiacs, dont le modèle le plus utilisé est muni d'un moteur de 25 CV et peut transporter six personnes et leur équipement. La *Calypso* est équipée de quatre Zodiacs et *Alcyone* en a deux. Ces embarcations légères et rapides sont mises à l'eau et remontées à bord sans même que la *Calypso* et l'*Alcyone* soient obligées de ralentir. Ces manœuvres sont délicates mais l'équipe est bien rodée !
L'équipe Cousteau doit parfois utiliser des bateaux adaptés tout particulièrement aux conditions locales. Ainsi, sur le Danube, c'est un brise-glace qui a remplacé la *Calypso* dont le tirant d'eau est trop important. Dans les rapides du cours supérieur du fleuve, l'équipe cinéma a utilisé un splendide canoë rouge.
Où qu'ils soient dans le monde, les équipiers de la *Calypso* ou de l'*Alcyone* n'hésitent pas à recourir aux embarcations utilisées par les indigènes, telles que radeaux, kayaks, pirogues avec ou sans balancier, et ils ont même construit un énorme radeau gonflable pour naviguer sur des rivières au cœur de la forêt amazonienne.

2

3

La flotte auxiliaire de la Calypso varie selon les expéditions : en 1988 à Bornéo, l'équipe explore un bras de rivière en Zodiacs.
Plusieurs embarcations originales sont utilisées en Amazonie : un grand radeau gonflable (2), un bac indigène (3), un canot pneumatique de rafting (4) et des kayacs (5).

4
5

Un drôle d'engin glisse à toute vitesse au-dessus d'un marécage de la forêt amazonienne. Voici l'un des plus curieux auxiliaires de la flottille Cousteau : l'"aéroglisseur" ou "véhicule sur coussin d'air". Pour sa mission en Amazonie, le plus grand complexe fluvial du monde, l'équipe Cousteau a dû s'équiper d'embarcations appropriées. Chaque année, en période de crue, une surface de forêt équivalente à la superficie de l'Autriche est inondée. Les eaux sont encombrées d'obstacles. Comment circuler dans ce véritable labyrinthe végétal ? L'aéroglisseur est tout indiqué. Il avance au-dessus de la surface de l'eau sur une couche d'air comprimé créée par de puissants ventilateurs. Une jupe de caoutchouc noir entoure le bateau afin de diriger l'air vers le bas, en dessous de la coque. L'aéroglisseur est propulsé par une grosse hélice analogue à celle des avions. Comme il vole littéralement, il n'est pas freiné par la résistance de l'eau, contrairement aux bateaux ordinaires. L'aéroglisseur est un moyen de transport des plus rapides, mais ce n'est pas cette caractéristique qui intéresse l'équipe Cousteau : c'est plutôt sa capacité à "ignorer" les obstacles. Il peut sortir de la mer ou d'un fleuve et traverser une plage ou un banc de vase sans même ralentir. Grâce à lui, des équipes de tournage et de plongée, lourdement chargées de matériel et de ravitaillement, traversèrent d'immenses marécages et des cours d'eau peu profonds sans craindre de s'échouer ou de tomber dans quelque imprévisible piège. De grandes étendues de forêt sont ainsi repérées, mais l'aéroglisseur, embarcation un peu trop bruyante pour filmer la vie sauvage, est ensuite relayée par les radeaux ou les Zodiacs.

En Amazonie, pour naviguer sur les cours d'eau obstrués par les plantes aquatiques, un aéroglisseur est embarqué sur la Calypso.

Un jour, des Indiens d'Amazonie entendent un bruit bizarre provenant du fleuve. Ils accourent au bord de l'eau et découvrent un spectacle étonnant : un camion descend le fleuve, vire de bord et grimpe sur la berge pour pénétrer dans leur village !
Les Indiens viennent de faire connaissance avec le camion amphibie, fabriqué initialement pour le gouvernement italien et employé par l'équipe de la *Calypso* au cours de l'exploration du vaste bassin amazonien. Sur terre, c'est un camion à quatre roues qui peut transporter du matériel lourd ou des passagers. Mais il a une particularité : son châssis est étanche et il a la forme d'une coque de bateau. Il suffit au conducteur de faire pénétrer son véhicule dans un cours d'eau ou un lac, puis d'enclencher un système de propulsion aquatique et... abracadabra ! le camion devient bateau. Il atteint les 100 km/h sur route et les 7 nœuds (13 km/h) sur l'eau. Grâce à cet extraordinaire véhicule, l'équipe a pu choisir en permanence la voie de communication la plus pratique, empruntant tantôt la piste, tantôt le fleuve, et déposer en un clin d'œil une équipe de plongée jusque dans les endroits très difficiles d'accès.

Le camion amphibie, surnommé Jacaré d'après le nom brésilien du crocodile, a triomphé des pistes les plus défoncées d'Amazonie et a permis l'accés à des affluents de l'Amazone où jamais un plongeur en scaphandre autonome ne s'était aventuré.

Ces dernières années, les équipes Cousteau ont multiplié les missions terrestres, car elles s'intéressent aux relations entre l'homme et son environnement. Les fleuves, qui véhiculent la pollution jusqu'à la mer, sont souvent au centre des préoccupations de l'équipe.

Pour mener à bien les investigations à terre, le camion est tout indiqué. Il devient alors la maison, le laboratoire, le bureau de l'équipe terrestre. Mais il faut beaucoup d'organisation pour parvenir à loger à bord matériel de plongée et d'escalade, ravitaillement et caméras. Comme les régions à étudier sont souvent difficiles d'accès, on utilise des véhicules qui sortent de l'ordinaire. Pour repérer la source de l'Amazone, sur les hauteurs des Andes péruviennes, l'équipe s'est servi d'un camion à six roues motrices transportant huit personnes et cinq tonnes d'équipement. Il possédait même sa propre grue pour charger et décharger le matériel. Lors de la mission sur le Danube, l'équipe de plongée utilise dans les Carpates un mini-bus "4 x 4". En hiver les lacs de ces montagnes sont gelés et pour pénétrer dans l'eau, les plongeurs découpent la glace à la tronçonneuse. La température de l'eau est de 3°C et celle de l'air de - 10°C. Lorsque les plongeurs remontent, ils sont frigorifiés. C'est alors la course pour arriver le premier au vestiaire, c'est-à-dire à l'arrière du mini-bus. Mais seules deux personnes peuvent se changer en même temps, les deux autres attendront leur tour dehors !

Les véhicules à quatre roues motrices ont une place de choix dans le parc de véhicules Cousteau. Land Rover en brousse africaine pour explorer le cours supérieur du Nil. Tout-terrain pour parcourir les étendues glacées du Canada lors d'une mission sur le Saint-Laurent et les Grands Lacs. Pour traverser l'"Outback", ce désert australien aride, les équipes Cousteau utilisent de robustes petits "4 x 4". A Haïti, l'équipe loue un "putt-putt", camion couvert de fresques bigarrées. Quelquefois, on choisit des véhicules moins glorieux : pour explorer le cours supérieur du Mississippi, l'équipe se déplace dans une camionnette ressemblant beaucoup à celle d'un marchand de glaces !

Lors de l'expédition en Amazonie, l'équipe terrestre utilise une jeep, un camion amphibie et un camion à six roues motrices... Ils parcourent 11 000 kilomètres sur des pistes parfois impraticables à cause de pluies torrentielles ou de l'effondrement d'un pont, aidant à l'occasion un véhicule de rencontre en difficulté.

La vie d'une équipe terrestre est souvent difficile. Sur de mauvaises routes, les pneus crevés sont monnaie courante. Moussons tropicales, orages soudains détrempent les pistes, et l'on met des heures, voire des jours, à désembourber les véhicules. Blizzards, vents de sable, rendent la conduite pénible et dangereuse. Les pannes surviennent souvent à des centaines de kilomètres de tout lieu habité. Il faut prévoir des réserves de carburant : dans les régions désertiques, les stations-service sont rares ! Et une fois finie la journée de travail, l'équipe doit encore installer son campement, préparer le repas sur un feu de camp. Les rapports indispensables - relevés de tournage, notes scientifiques - doivent être rédigés sous la tente, à la lumière d'une lampe-torche. Vivement quelques heures de repos ! En Papouasie-Nouvelle-Guinée, le cameraman et le responsable logistique préparent la mission de l'équipe qui doit pénétrer en "4 x4" dans les Hautes-Terres centrales, des montagnes sauvages où les tribus se battent encore avec des arcs. Ils établissent une carte de la région et y indiquent les étapes. Inquiets à cause de certains renseignements obtenus, ils rédigent une note à l'attention de tous : consignes à respecter sur la route. - Si vous écrasez un cochon, ne vous arrêtez pas, foncez immédiatement au poste de police le plus proche. Si en chemin, vous croisez des individus armés de haches, de coutelas, d'arcs ne vous arretez pas, continuez à rouler. Si le moindre obstacle vous coupe la route, faites demi-tour.

Heureusement, la mission se passe très bien et l'accueil des hommes des Hautes-Terres est bienveillant.

1

Les camions de l'équipe se retrouvent embourbés après une inondation en Australie (1), ou pris dans une congère au Canada (2). Pendant la mission sur le Danube, l'équipe fait halte sur une route couverte de glace (3). Mais ni le mauvais temps, ni l'état de la route n'arrêtent une expédition.

2

3

Lorsque plusieurs équipes participent simultanément à une grande expédition, comme en Australie, en Indonésie ou sur l'Amazone, il est souvent nécessaire d'acheminer loin et rapidement personnes et matériel. Lorsqu'un plan d'eau est à portée, l'équipe utilise un petit hydravion. Conçu pour transporter quatre passagers et leur équipement, le petit Cessna, surnommé *Papagallo* (Perroquet), a fait ses preuves dans le monde entier : c'est un formidable "mulet volant". Il livre en se posant sur un fleuve ou sur la mer provisions, pellicules, médicaments, carburant, pièces de rechange.

Philippe Cousteau, le fils cadet du commandant Cousteau, s'est tué en expédition aux commandes d'un autre hydravion, le *Catalina*. Beaucoup plus gros que *Papagallo*, on l'appelait "la *Calypso* volante". Sa vitesse de croisière était de 215 km/h. Pour lui, 1000 milles n'étaient qu'un saut de puce, et son faible tirant d'eau lui permettait d'amerrir sur des zones de hauts-fonds. Une équipe de huit personnes, plongeurs, scientifiques, cinéastes, pouvait prendre place à son bord. Partout sur sa carlingue, de petites trappes pouvaient s'ouvrir pour laisser passer les objectifs des caméras. Les avions sont aussi des instruments merveilleux pour prendre des photos aériennes.

Sur des îles isolées de l'océan Pacifique comme Nauru ou l'île de Pâques, l'équipe a préféré utiliser un engin plus modeste : un ULM, cet avion miniature que l'on peut assembler sur place.

1

4

Jean-Michel Cousteau survole en U.L.M. l'île de Nauru, dans le Pacifique Sud (1) ; l'hydravion Papagallo se pose au large de la côte cubaine (2). Philippe Cousteau pilote un gyrocoptère, sorte de mini-hélicoptère, au-dessus de l'Ile de Pâques (3) et amerrit en hydravion dans le Pacifique Oriental (4).

L'équipe Cousteau s'est toujours efforcée de résoudre le plus simplement possible les problèmes qui se présentaient. Par exemple, pour tenir en respect les squales sans les blesser, les plongeurs imaginent des "débordoirs à requins", sortes de petites matraques métalliques. Pour prendre des photos et filmer le fond de la mer à des milliers de mètres sous la *Caypso*, l'équipe imagine de bricoler un traîneau avec l'échelle de plongée et elle y fixe le matériel de prise de vue. Les clichés du fond marin sont pris à intervalles réguliers. Pour effectuer correctement ce travail délicat, l'équipe doit connaître la vitesse exacte du bateau par rapport au fond de la mer. Elle met alors au point des ballons gonflés à l'hélium appelés "kytoons" sur lesquels la *Calypso* peut se repérer grâce à son radar.
En Antarctique, la *Calypso* lance une montgolfière qui plane silencieusement au-dessus des colonies de phoques et de pingouins. Philippe Cousteau, cameraman et pilote du ballon, filme du ciel les farouches habitants du continent blanc que le vrombissement du moteur de l'hélicoptère aurait effrayés.
En ce moment même, l'équipe Cousteau planche sur un nouveau bateau combinant tous les secrets de la *Calypso* et de l'*Alcyone*, un bateau futuriste à Turbovoiles qui s'appellera *Calypso II*. Il pourra envoyer instantanément des images en direct de n'importe quel point de la planète. Il y aura à bord un hélicoptère, un hydravion et une soucoupe plongeante. *Calypso II* sera bien sûr un bateau tout blanc comme ses aînés. Il accueillera 35 hommes et femmes qui parcourront à leur tour les océans pour en percer les mystères, nous alerter sur les dangers qui menacent notre planète bleue et nous faire rêver…

En Antarctique, l'équipe Cousteau a profité des rares jours sans vent pour effectuer des prises de vue aériennes depuis la mongolfière.
Le ballon appelé "Kytoon" sert de point fixe. Il permet à la Calypso de connaître précisément sa vitesse par rapport au fond.

INDEX

INDEX

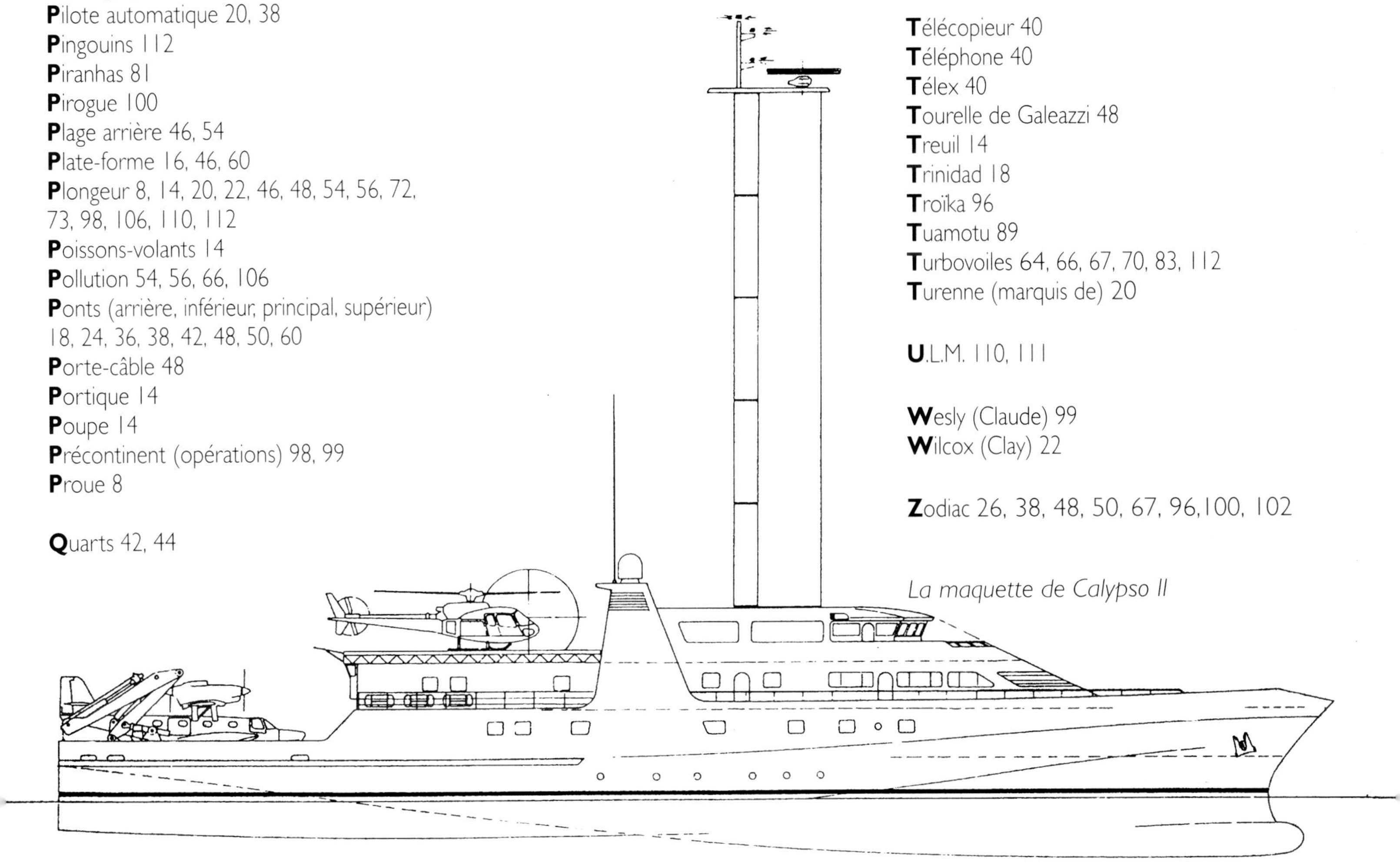

La maquette de Calypso II

EQUIPE COUSTEAU :
Commandant Jacques-Yves Cousteau, Jean-Michel Cousteau.
Auteur : Mose Richards
Iconographe : Judy K. Brody.
Traduction et adaptation : Thierry Piantanida, Sophie Mayoux, Christine Causse.
Avec tous nos remerciements à : Grégoire Koulbanis, François Sarano, Clark Lee Merriam.
Responsable de projet : Lesley D. High.

EQUIPE HACHETTE :
Conception graphique et réalisation : Carmèle Delivré et François Huertas.
Responsable éditoriale : Bénédicte Servignat assistée de Valérie Einhorn.

CRÉDITS PHOTOGRAPHIQUES :

Steve Arrington : 70 (incrustation), 72-73, 73 (en haut).

Christian Le Curieux Belfond : 49 (en bas à gauche), 50 (en haut).

Bernard Bidault : 56-57.

David O. Brown : 2-3, 35, 86-87.

Ayrton Camargo : 20, 21, 25 (en bas), 40 (en haut), 43 (au centre, à gauche), 97, 104, 105, 106 (au centre et en bas), 107.

Denis Chavelet : 66 (en bas).

Jacques Constans : 67 (en haut et en bas au centre).

Anne-Marie Cousteau : incrustation de couverture, 26-27, 55 (en haut à gauche) 65, 82-83, 108-109, 111 (en haut à gauche), plat IV, incrustration.

The Cousteau Society : 9, 10, 11, 12, 13, 14, 15, 34, 37 (en haut à droite), 42, 46 (au centre et en bas), 47, 48 (à gauche et au centre), 49 (à droite), 50 (au centre), 52 (en haut), 54 (en haut, au centre, droite), 55 (à droite et en bas à gauche), 56 (en haut), 58-59, 75, 76-77, 78-79, 96, 98, 99, 110-111, 111 (à droite), 112, 113, Plat IV, fond.

Chuck Davis : 23 (en haut à gauche), 48 (en bas à droite), 52-53, 54 (en bas), 67 (au centre), 71 (en bas à gauche), 90-91.

Bernard De Guy : 67 (en haut à droite).

Albert Falco : 18, 19, 66 (au centre).

Scott Frier : 36 (en haut), 37 (en bas), 40 (à droite), 62-63, 80-81, 100 (en haut), 101 (en haut), 102, 103, 106 (en haut), 109 (à gauche).

M. Haan : 5, Jérôme Julienne : 48 (en haut), 49 (en haut à gauche).

Pierre Legris : 44-45, Paul Martin : 59 (en bas).

Richard C. Murphy : 22 (en haut), 28-29, 40 (à gauche), 43 (en haut à gauche), 46 (en haut), 54 (en haut au centre), 67 (en bas à droite), 70 (en haut et en bas), 71 (en haut et en bas à droite), 84-85, 100 (en bas), 101 (en bas), 110 (en haut).

Didier Noirot : 4, 23 (en haut à droite), 24, 36 (en bas), 37 (en haut à gauche), 39 (à droite), 88-89.

Roberto Rinaldi : 25 (en haut), 43 (en bas à gauche), 50 (en bas), 57 (en haut), 58 (en bas), 59 (en haut), 60 (en haut).

François Sarano : 22-23, 92-93, 109 (en bas à droite).

Bob Talbot : 64, 74.

Michel Verdure : Couverture (fond), 8, 13 (en haut), 16, 17, 36 (à gauche), 38-39, 41, 43 (à droite et en bas), 46 (en haut), 60 (en bas, à gauche et à droite), 61, 100, 101.

Capkin Van Alphen : 68-69, 72 (à gauche).

Clay Wilcox : 51.

Norbert Wu : 55 (au centre, en haut et en bas).

Yves Zlotnicka : 43 (en haut à droite).

TABLE DES ILLUSTRATIONS :

Bureau d'Etudes André Mauric "Arimer", Jean-Charles Nahon et André Mauric : 115
Pierre Bon, d'après un dessin original d'Alexis Sivirine : 30-33
André Demaison : 94-95

Turbovoile et Zodiac sont des marques déposées.

Dépot légal : 8648.10.92 - 29.34.1244.01/2
I.S.B.N. 2.01.012738-0
Loi n° 49-956 du 16 juillet 1949 sur les publications destinées à la jeunesse.

Imprimé en Italie par Canale à Turin